Todos los libros de Linkgua Ediciones cuentan con modelos de Inteligencia Artificial entrenados por hispanistas. Pregúntale al chat de tu libro lo que desees acerca de la obra o su autor/a.

Para ebooks: Accede a nuestro modelo de IA a través de este enlace.

Para libros impresos: Escanea el código QR de la portada con tu dispositivo móvil.

Obtén análisis detallados de nuestros libros, resúmenes, respuestas a tus preguntas y accede a nuestras ediciones críticas generativas para una experiencia de lectura más enriquecedora.
La transparencia y el respeto hacia la autoría de las fuentes utilizadas son distintivos básicos de nuestro proyecto. Por ello, las respuestas ofrecen, mediante un sistema de citas, las fuentes con las que han sido elaboradas.

Miguel de Cervantes Saavedra

La elección de los alcaldes de Daganzo

Barcelona 2024
Linkgua-ediciones.com

Créditos

Título original: La elección de los alcaldes de Daganzo.

© 2024, Red ediciones S.L.

e-mail: info@Linkgua-ediciones.com

Diseño de cubierta: Michel Mallard.

ISBN rústica ilustrada: 978-84-96428-51-5.
ISBN ebook: 978-84-9953-202-8.

Sumario

Brevísima presentación

La vida

Miguel de Cervantes Saavedra (Alcalá de Henares, 1547-Madrid, 1616). España.

Hijo de Rodrigo Cervantes, cirujano, y Leonor de Cortina. Se sabe muy poco de su infancia y adolescencia. Era el cuarto hijo entre siete. Las primeras noticias que se tienen de Cervantes son de su etapa de estudiante, en Madrid.

A los veintidós años se fue a Italia, para acompañar al cardenal Acquaviva. En 1571 participó en la batalla de Lepanto, donde sufrió heridas en el pecho y la mano izquierda. Aunque su brazo quedó inutilizado, combatió después en Corfú, Ambarino y Túnez.

En 1584 se casó con Catalina de Palacios, no fue un matrimonio afortunado. Tres años más tarde, en 1587, se trasladó a Sevilla y fue comisario de abastos. En esa ciudad sufrió cárcel varias veces por sus problemas económicos. Hacia 1603 o 1604 se fue a Valladolid, allí también fue a prisión, esta vez acusado de un asesinato. Desde 1606, tras la publicación del Quijote, fue reconocido como un escritor famoso y vivió en Madrid.

La voluntad de poder

En este entremés cuatro personajes pretenden ser alcaldes de Daganzo y con este fin hablan de sus méritos propios.

El primero sabe cuatro oraciones que recita varias veces a la semana, el segundo dice ser muy diestro con el arco, el tercero afirma saber mucho de vinos, mientras que el último tiene una memoria prodigiosa.

La obra es una hilarante sátira de la voluntad de poder y de la vanidad humana.

La elección de los alcaldes de Daganzo

Personajes

Alonso Algarroba, regidor
Berrocal, labrador
El Bachiller Pesuña
Humillos, labrador
Jarrete, labrador
Músicos, gitanos
Panduro, regidor
Pedro Estornudo, escribano
Rana, labrador

Acto único

Salen el Bachiller Pesuña; Pedro Estornudo, escribano; Panduro, regidor, y Alonso Algarroba, regidor.

Panduro   Rellánense; que todo saldrá a cuajo,
si es que lo quiere el cielo benditísimo.

Alguacil   Mas echémoslo a doce, y no se venda.

Panduro   Paz, que no será mucho que salgamos
bien del negocio, si lo quiere el cielo.   5

Alguacil   Que quiera, o que no quiera, es lo que importa...

Panduro   ¡Algarroba, la luenga se os deslicia!
Habrad acomedido y de buen rejo,
que no me suenan bien esas palabras:
«quiera o no quiera el cielo», por San Junco,   10
que, como presomís de resabido,
os arrojáis a trochemoche en todo.

Alguacil   Cristiano viejo soy a todo ruedo,
y creo en Dios a pies jontillas.

Bachiller   Bueno;
no hay más que desear.

Alguacil   Y si, por suerte,   15
hablé mal, yo confieso que soy ganso,
y doy lo dicho por no dicho.

Estornudo	Basta;
	no quiere Dios, del pecador más malo,
	sino que viva y se arrepienta.
Alguacil	Digo
	que vivo y me arrepiento, y que conozco 20
	que el cielo puede hacer lo que él quisiere,
	sin que nadie le pueda ir a la mano,
	especial cuando llueve.
Panduro	De las nubes,
	Algarroba, cae el agua, no del cielo.
Alguacil	¡Cuerpo del mundo! Si es que aquí venimos 25
	a reprochar los unos a los otros,
	díganmoslo; que a fe que no le falten
	reproches a Algarroba a cada paso.
Bachiller	*Redeamus ad rem*, señor Panduro
	y señor Algarroba; no se pase 30
	el tiempo en niñerías escusadas.
	¿Juntámonos aquí para disputas
	impertinentes? ¡Bravo caso es éste,
	que siempre que Panduro y Algarroba
	están juntos, al punto se levantan 35
	entre ellos mil borrascas y tormentas
	de mil contraditorias intenciones!
Estornudo	El señor bachiller Pesuña tiene
	demasiada razón: véngase al punto,
	y mírese qué alcaldes nombraremos 40
	para el año que viene, que sean tales,

que no los pueda calumniar Toledo,
sino que los confirme y dé por buenos,
pues para esto ha sido nuestra junta.

Panduro   De las varas hay cuatro pretensores: 45
Juan Berrocal, Francisco de Humillos,
Miguel Jarrete y Pedro de la Rana;
hombres todos de chapa y de caletre,
que pueden gobernar, no que a Daganzo,
sino a la misma Roma.

Alguacil   A Romanillos.   50

Estornudo   ¿Hay otro apuntamiento? ¡Por San Pito,
que me salga del corro!

Alguacil   Bien parece
que se llama Estornudo el escribano,
que así se le encarama y sube el humo.
Sosiéguese, que yo no diré nada.   55

Panduro   ¿Hallarse han, por ventura, en todo el sorbe...?

Alguacil   ¿Qué es sorbe, sorbe-huevos? Orbe diga
el discreto Panduro, y serle ha sano.

Panduro   Digo que en todo el mundo no es posible
que se hallen cuatro ingenios como aquestos   60
de nuestros pretensores.

Alguacil   Por lo menos,
yo sé que Berrocal tiene el más lindo
distinto.

Estornudo   ¿Para qué?

Alguacil   Para ser sacre
            en esto de mojón y catavinos.
            En mi casa probó los días pasados   65
            una tinaja, y dijo que sabía
            el claro vino a palo, a cuero y hierro;
            acabó la tinaja su camino,
            y hallóse en el asiento della un palo
            pequeño, y dél prendía una correa   70
            de cordobán y una pequeña llave.

Estornudo   ¡Oh rara habilidad! ¡Oh raro ingenio!
            Bien puede gobernar, el que tal sabe,
            a Alanís y a Cazalla, y aun a Esquivias.

Alguacil   Miguel Jarrete es águila.

Bachiller   ¿En qué modo?   75

Alguacil   En tirar con un arco de bodoques.

Bachiller   ¿Que tan certero es?

Alguacil   Es de manera
            que, si no fuese porque los más tiros
            se da en la mano izquierda, no habría pájaro
            en todo este contorno.

Bachiller   ¡Para alcalde   80
            es rara habilidad, y necesaria!

Alguacil	¿Qué diré de Francisco de Humillos?
	Un zapato remienda como un sastre.
	Pues, ¿Pedro de la Rana? No hay memoria
	que a la suya se iguale; en ella tiene 85
	del antiguo y famoso Perro de Alba
	todas las coplas, sin que letra falte.
Panduro	Éste lleva mi voto.
Estornudo	Y aun el mío.
Alguacil	A Berrocal me atengo.
Bachiller	Yo a ninguno,
	si es que no dan más pruebas de su ingenio 90
	a la jurisprudencia encaminadas.
Alguacil	Yo daré un buen remedio, y es aquéste:
	hagan entrar los cuatro pretendientes,
	y el señor bachiller Pesuña puede
	examinarlos, pues del arte sabe, 95
	y, conforme a su ciencia, así veremos
	quién podrá ser nombrado para el cargo.
Escribano	¡Vive Dios, que es rarísima advertencia!
Panduro	Aviso es que podrá servir de arbitrio
	para Su Jamestad; que, como en Corte 100
	hay potra-médicos, haya potra-alcaldes.
Alguacil	Prota, señor Panduro; que no potra.

Panduro	Como vos no hay friscal en todo el mundo.
Alguacil	¡Fiscal, pese a mis males!
Escribano	¡Por Dios santo, que es Algarroba impertinente!
Alguacil	Digo 105 que, pues se hace examen de barberos, de herradores, de sastres, y se hace de cirujanos y otras zarandajas, también se examinasen para alcaldes; y, al que se hallase suficiente y hábil 110 para tal menester, que se le diese carta de examen, con la cual podría el tal examinado remediarse; porque, de lata en una blanca caja la carta acomodando merecida, 115 a tal pueblo podrá llegar el pobre, que le pesen a oro; que hay hogaño carestía de alcaldes de caletre en lugares pequeños casi siempre.
Bachiller	Ello está muy bien dicho y bien pensado: 120 llamen a Berrocal; entre, y veamos dónde llega la raya de su ingenio.
Alguacil	Humillos, Rana, Berrocal, Jarrete, los cuatro pretensores, se han entrado;

(Entran estos cuatro labradores.)

ya los tienes presentes.

Bachiller   Bien venidos   125
sean vuesas mercedes.

Berrocal   Bien hallados
vuesas mercedes sean.

Panduro   Acomódense,
que asientos sobran.

Humillos   ¡Siéntome, y me siento!

Jarrete   Todos nos sentaremos, Dios loado.

Rana   ¿De qué os sentís, Humillos?

Humillos   De que vaya   130
tan a la larga nuestro nombramiento.
¿Hémoslo de comprar a gallipavos,
a cántaros de arrope y a abiervadas,
y botas de lo añejo tan crecidas,
que se arremetan a ser cueros? Díganlo,   135
y pondráse remedio y diligencia.

Bachiller   No hay sobornos aquí; todos estamos
de un común parecer, y es que el que fuere
más hábil para alcalde, ése se tenga
por escogido y por llamado.

Rana	Bueno;	140
	yo me contento.	

Berrocal	Y yo.

Bachiller	Mucho en buen hora.

Humillos	También yo me contento.

Jarrete	Dello gusto.

Bachiller	Vaya de examen, pues.

Humillos	De examen venga.

Bachiller	¿Sabéis leer, Humillos?

Humillos	No, por cierto,	
	ni tal se probará que en mi linaje	145
	haya persona tan de poco asiento,	
	que se ponga a aprender esas quimeras,	
	que llevan a los hombres al brasero,	
	y a las mujeres, a la casa llana.	
	Leer no sé, mas sé otras cosas tales	150
	que llevan al leer ventajas muchas.	

Bachiller	Y ¿cuáles cosas son?

Humillos	Sé de memoria
	todas cuatro oraciones, y las rezo
	cada semana cuatro y cinco veces.

Rana	Y ¿con eso pensáis de ser alcalde?	155

Humillos	Con esto, y con ser yo cristiano viejo,
	me atrevo a ser un senador romano.

Bachiller	Está muy bien. Jarrete diga agora
	qué es lo que sabe.

Jarrete	Yo, señor Pesuña,	
	sé leer, aunque poco; deletreo,	160
	y ando en el be-a-ba bien ha tres meses,	
	y en cinco más daré con ello a un cabo;	
	y, además desta ciencia que ya aprendo,	
	sé calzar un arado bravamente,	
	y herrar, casi en tres horas, cuatro pares	165
	de novillos briosos y cerreros;	
	soy sano de mis miembros, y no tengo	
	sordez ni cataratas, tos ni reumas;	
	y soy cristiano viejo como todos,	
	y tiro con un arco como un Tulio.	170

Alguacil	¡Raras habilidades para alcalde;
	necesarias y muchas!

Bachiller	Adelante.
	¿Qué sabe Berrocal?

Berrocal	Tengo en la lengua	
	toda mi habilidad, y en la garganta;	
	no hay mojón en el mundo que me llegue;	175
	sesenta y seis sabores estampados	

tengo en el paladar, todos vináticos.

Alguacil   Y ¿quiere ser alcalde?

Berrocal   Y lo requiero;
            pues, cuando estoy armado a lo de Baco,
            así se me aderezan los sentidos,   180
            que me parece a mí que en aquel punto
            podría prestar leyes a Licurgo
            y limpiarme con Bártulo.

Panduro   ¡Pasito,
            que estamos en concejo!

Berrocal   No soy nada
            melindroso ni puerco; solo digo   185
            que no se me malogre mi justicia,
            que echaré el bodegón por la ventana.

Bachiller   Amenazas aquí, por vida mía,
            mi señor Berrocal, que valen poco.
            ¿Qué sabe Pedro Rana?

Rana   Como Rana,   190
            habré de cantar mal; pero, con todo,
            diré mi condición, y no mi ingenio.
            Yo, señores, si acaso fuese alcalde,
            mi vara no sería tan delgada
            como las que se usan de ordinario: 195
            de una encina o de un roble la haría,
            y gruesa de dos dedos, temeroso
            que no me la encorvase el dulce peso

de un bolsón de ducados, ni otras dádivas,
o ruegos, o promesas, o favores,   200
que pesan como plomo, y no se sienten
hasta que os han brumado las costillas
del cuerpo y alma; y, junto con aquesto,
sería bien criado y comedido,
parte severo y nada riguroso;   205
nunca deshonraría al miserable
que ante mí le trujesen sus delitos;
que suele lastimar una palabra
de un jüez arrojado, de afrentosa,
mucho más que lastima su sentencia,   210
aunque en ella se intime cruel castigo.
No es bien que el poder quite la crianza,
ni que la sumisión de un delincuente
haga al juez soberbio y arrogante.

Alguacil   ¡Vive Dios, que ha cantado nuestra Rana   215
             mucho mejor que un cisne cuando muere!

Panduro   Mil sentencias ha dicho censorinas.

Alguacil   De Catón Censorino; bien ha dicho
             el regidor Panduro.

Panduro   ¡Reprochadme!

Alguacil   Su tiempo se vendrá.

Estornudo   Nunca acá venga.   220
             ¡Terrible inclinación es, Algarroba,
             la vuestra en reprochar!

Alguacil	¡No más, so escriba!
Estornudo	¿Qué escriba, fariseo?
Bachiller	¡Por San Pedro, que son muy demasiadas demasías éstas!
Alguacil	Yo me burlaba.
Estornudo	Y yo me burlo. 225
Bachiller	Pues no se burlen más, por vida mía.
Alguacil	Quien miente, miente.
Estornudo	Y quien verdad pronuncia, dice verdad.
Alguacil	Verdad.
Estornudo	Pues punto en boca.
Humillos	Esos ofrecimientos que ha hecho Rana, son desde lejos. A fe que si él empuña 230 vara, que él se trueque y sea otro hombre del que ahora parece.
Bachiller	Está de molde lo que Humillos ha dicho.

Humillos	Y más añado:
	que, si me dan la vara, verán como
	no me mudo ni trueco, ni me cambio. 235
Bachiller	Pues veis aquí la vara, y haced cuenta
	que sois alcalde ya.
Alguacil	¡Cuerpo del mundo!
	¿La vara le dan zurda?
Humillos	¿Cómo zurda?
Alguacil	Pues, ¿no es zurda esta vara? Un sordo o mudo
	lo podrá echar de ver desde una legua. 240
Humillos	¿Cómo, pues, si me dan zurda la vara,
	quieren que juzgue yo derecho?
Estornudo	El diablo
	tiene en el cuerpo este Algarroba; ¡miren
	dónde jamás se han visto varas zurdas!

(Entra uno.)

Uno	Señores, aquí están unos gitanos 245
	con unas gitanillas milagrosas;
	y, aunque la ocupación se les ha dicho
	en que están sus mercedes, todavía
	porfían que han de entrar a dar solacio
	a sus mercedes.
Bachiller	Entren, y veremos 250

si nos podrán servir para la fiesta
del Corpus, de quien yo soy mayordomo.

Panduro   Entren mucho en buen hora.

Berrocal   Entren luego.

Humillos   Por mí, ya los deseo.

Jarrete   Pues yo, ¿pajas?

Rana   ¿Ellos no son gitanos? Pues adviertan   255
               que no nos hurten las narices.

Uno   Ellos,
               sin que los llamen, vienen; ya están dentro.

(Entran los Músicos, de gitanos, y dos gitanas bien adereza-
das, y, al son deste romance, que han de cantar los Músicos,
ellas dancen.)

Músicos   Reverencia os hace el cuerpo,
               regidores de Daganzo,
               hombres buenos de repente,   260
               hombres buenos de pensado;
               de caletre prevenidos
               para proveer los cargos
               que la ambición solicita
               entre moros y cristianos.   265
               Parece que os hizo el cielo,
               el cielo, digo, estrellado,
               Sansones para las letras,

y para las fuerzas Bártulos.

Jarrete   Todo lo que se canta toca historia.   270

Humillos   Ellas y ellos son únicos y ralos.

Alguacil   Algo tienen de espesos.

Bachiller   Ea, *sufficit*.

Músicos   Como se mudan los vientos,
                   como se mudan los ramos,
                   que, desnudos en invierno,   275
                   se visten en el verano,
                   mudaremos nuestros bailes
                   por puntos, y a cada paso;
                   pues mudarse las mujeres
                   no es nuevo ni estraño caso.   280
                   ¡Vivan de Daganzo los regidores,
                   que parecen palmas, puesto que son robles!

(Bailan.)

Jarrete   ¡Brava trova, por Dios!

Humillos   Y muy sentida.

Berrocal   Éstas se han de imprimir, para que quede
                   memoria de nosotros en los siglos   285
                   de los siglos. Amén.

Bachiller   Callen, si pueden.

Músicos	¡Vivan y revivan,
	y en siglos veloces
	del tiempo los días
	pasen con las noches, 290
	sin trocar la edad,
	que treinta años forme,
	ni tocar las hojas
	de sus alcornoques.
	Los vientos, que anegan, 295
	si contrarios corren,
	cual céfiros blandos
	en sus mares soplen.
	¡Vivan de Daganzo los regidores,
	que palmas parecen, puesto que son robles! 300
Bachiller	El estribillo en parte me desplace;
	pero, con todo, es bueno.
Berrocal	Ea, callemos.
Músicos	Pisaré yo el polvico,
	atán menudico;
	pisaré yo el polvó, 305
	atán menudó.
Panduro	Estos músicos hacen pepitoria
	de su cantar.
Humillos	Son diablos los gitanos.
Músicos	Pisaré yo la tierra,

por más que esté dura,   310
puesto que me abra en ella
amor sepultura,
pues ya mi buena ventura
amor la pisó.
Atán menudó.   315
Pisaré yo lozana
el más duro suelo,
si en él acaso pisas
el mal que recelo.
Mi bien se ha pasado en vuelo,   320
y el polvo dejó
Atán menudó.

(Entra un Sotasacristán, muy mal endeliñado.)

Sacristán   Señores regidores, ¡voto a dico,
                 que es de bellacos tanto pasatiempo!
                 ¿Así se rige el pueblo, noramala,   325
                 entre guitarras, bailes y bureos?

Bachiller   ¡Agarradle, Jarrete!

Jarrete   Ya le agarro.

Bachiller   Traigan aquí una manta; que, por Cristo,
                 que se ha de mantear este bellaco,
                 necio, desvergonzado e insolente,   330
                 y atrevido además.

Sacristán   ¡Oigan, señores!

Alguacil	Volveré con la manta a las volanzas.

(Éntrase Algarroba.)

Sacristán	Miren que les intimo que soy présbiter.	
Bachiller	¿Tú presbítero, infame?	
Sacristán	Yo presbítero;	
	o de prima tonsura, que es lo mismo.	335
Panduro	Agora lo veredes, dijo Agrajes.	
Sacristán	No hay Agrajes aquí.	
Bachiller	Pues habrá grajos	
	que te piquen la lengua y aun los ojos.	
Rana	Dime, desventurado: ¿qué demonio	
	se revistió en tu lengua? ¿Quién te mete	340
	a ti en reprehender a la justicia?	
	¿Has tú de gobernar a la república?	
	Métete en tus campanas y en tu oficio.	
	Deja a los que gobiernan; que ellos saben	
	lo que han de hacer mejor que no nosotros.	345
	Si fueren malos, ruega por su enmienda;	
	si buenos, porque Dios no nos los quite.	
Bachiller	Nuestro Rana es un santo y un bendito.	

(Vuelve Sacristán; trae la manta.)

Alguacil	No ha de quedar por manta.
Bachiller	Asgan, pues, todos,
	sin que queden gitanos ni gitanas. 350
	¡Arriba, amigos!
Sacristán	¡Por Dios, que va de veras!
	¡Vive Dios, si me enojo, que bonito
	soy yo para estas burlas! ¡Por San Pedro,
	que están descomulgados todos cuantos
	han tocado los pelos de la manta! 355
Rana	Basta, no más; aquí cese el castigo;
	que el pobre debe estar arrepentido.
Sacristán	Y molido, que es más. De aquí adelante
	me coseré la boca con dos cabos
	de zapatero.
Rana	Aqueso es lo que importa. 360
Bachiller	Vénganse los gitanos a mi casa,
	que tengo qué decilles.
Gitano	Tras ti vamos.
Bachiller	Quedarse ha la elección para mañana,
	y desde luego doy mi voto a Rana.
Gitano	¿Cantaremos, señor?
Bachiller	Lo que quisiéredes. 365

Panduro	No hay quien cante cual nuestra Rana canta.
Jarrete	No solamente canta, sino encanta.

(Éntranse cantando:)

> Pisaré yo el polvico.

Fin del entremés

Libros a la carta

A la carta es un servicio especializado para
empresas,
librerías,
bibliotecas,
editoriales
y centros de enseñanza;
y permite confeccionar libros que, por su formato y concepción, sirven a los propósitos más específicos de estas instituciones.

Las empresas nos encargan ediciones personalizadas para marketing editorial o para regalos institucionales. Y los interesados solicitan, a título personal, ediciones antiguas, o no disponibles en el mercado; y las acompañan con notas y comentarios críticos.

Las ediciones tienen como apoyo un libro de estilo con todo tipo de referencias sobre los criterios de tratamiento tipográfico aplicados a nuestros libros que puede ser consultado en Linkgua-ediciones.com .

Linkgua edita por encargo diferentes versiones de una misma obra con distintos tratamientos ortotipográficos (actualizaciones de carácter divulgativo de un clásico, o versiones estrictamente fieles a la edición original de referencia).

Este servicio de ediciones a la carta le permitirá, si usted se dedica a la enseñanza, tener una forma de hacer pública su interpretación de un texto y, sobre una versión digitalizada «base», usted podrá introducir interpretaciones del texto fuente. Es un tópico que los profesores denuncien en clase los desmanes de una edición, o vayan comentando errores de interpretación de un texto y esta es una solución útil a esa necesidad del mundo académico.

Asimismo publicamos de manera sistemática, en un mismo catálogo, tesis doctorales y actas de congresos académicos, que son distribuidas a través de nuestra Web.

El servicio de «libros a la carta» funciona de dos formas.

1. Tenemos un fondo de libros digitalizados que usted puede personalizar en tiradas de al menos cinco ejemplares. Estas personalizaciones pueden ser de todo tipo: añadir notas de clase para uso de un grupo de estudiantes, introducir logos corporativos para uso con fines de marketing empresarial, etc. etc.

2. Buscamos libros descatalogados de otras editoriales y los reeditamos en tiradas cortas a petición de un cliente.

www.ingramcontent.com/pod-product-compliance
Lightning Source LLC
Chambersburg PA
CBHW020446030426
42337CB00014B/1419